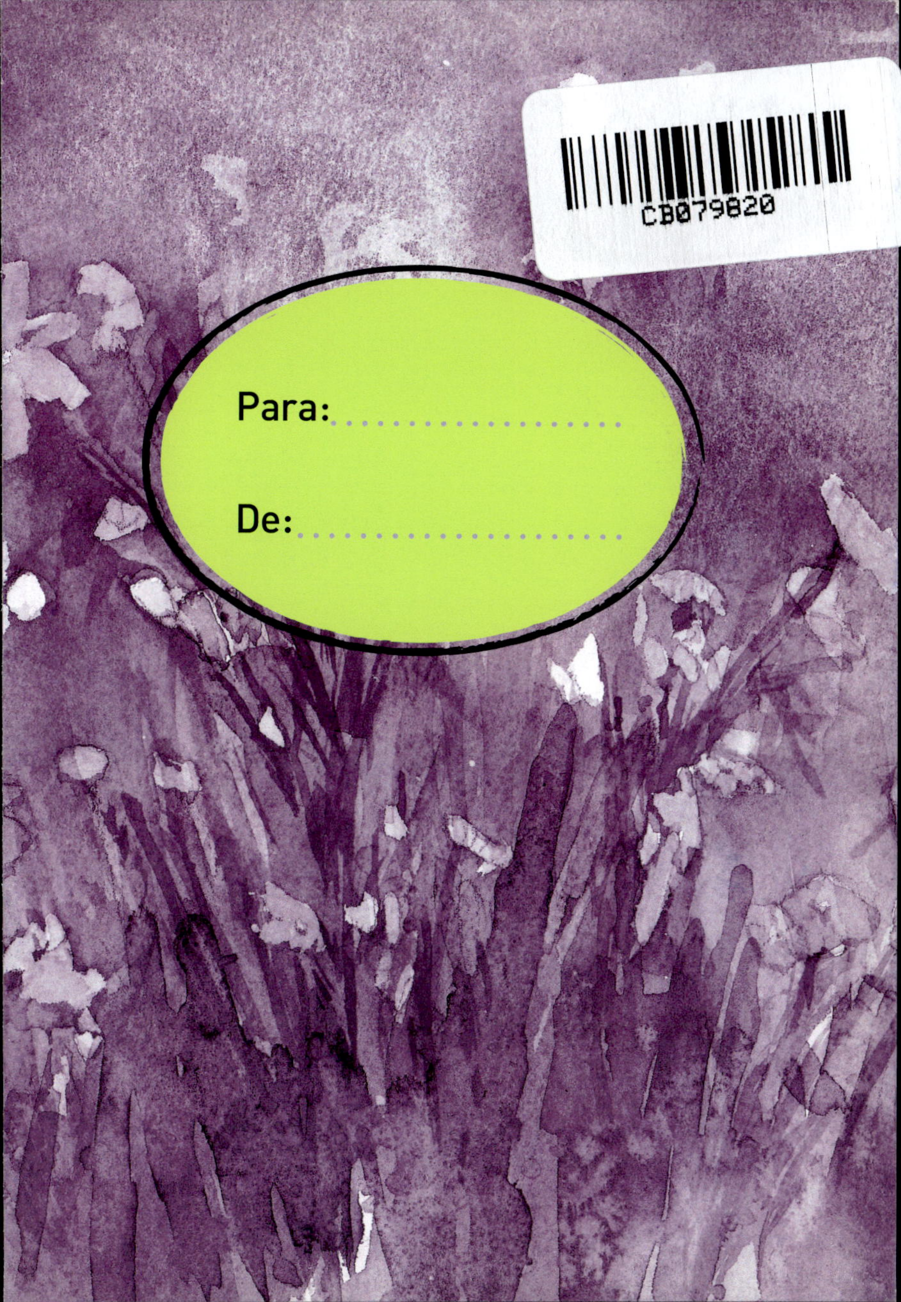

Para: ....

De: ....

Título original: *Words From the Wise Woman*
Tradução: Cristina Fernandes
Revisão: Natália Chagas Máximo
Diagramação: Pamella Destefi

www.vreditoras.com.br

Rua Capital Federal, 263 - Bairro Sumaré
CEP 01259-010 - São Paulo - SP
Tel./Fax: (55 11) 4612 2866
editoras@vreditoras.com.br

ISBN 978-85-7683-460-1

Impresso na China • Printed in China

Dados Internacionais de Catalogação na Publicação (CIP)
(Câmara Brasileira do Livro, SP, Brasil)

Florence, Susan Squellati
Um instante para você / Susan Squellati Florence; [tradução Cristina Fernandes]. -- São Paulo, SP: Vergara & Riba Editoras, 2013.

Título original: Words from the wise woman.
ISBN 978-85-7683-460-1

1. Alegria 2. Incentivo 3. Literatura norte-americana 4. Livros de frases 5. Motivação I. Título.

13-00122 CDD-818

Índices para catálogo sistemático:
1. Bons pensamentos: Máximas: Literatura norte-americana 818

Susan Squellati Florence

Um instante para você

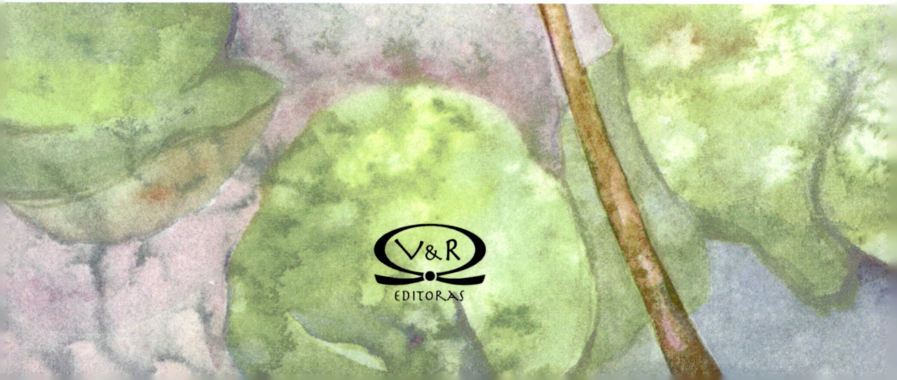

V&R Editoras

Existe uma mulher intensa
que mora dentro de você.

Ela espera que você possa vê-la com clareza,

que possa descobrir a verdade dela...

...e que você a convide para entrar em sua vida.

Existe uma mulher sábia
que vive em cada uma de nós.

É ela quem, quando você estiver perdida,
a levará de volta para casa.

Quando a encontrar,
você começará uma viagem maravilhosa
rumo a si mesma.

Mais que a mulher
que você quer ser,
ela é a mulher
que você já é.

Mais que a mulher
que quer ser amada,
ela é a mulher que já ama você.

Mais que a mulher
que precisa se revelar e vencer,
ela é a que se sente completa
pelo simples fato de existir.

Escute com atenção

as palavras dessa mulher sábia.

Ela conduzirá você até sua essência interior.

Esqueça
o que lhe ensinaram
sobre ser mulher.
Isso a impede de ser
quem realmente é
e a faz agir
de acordo com o que
os outros esperam.

Explore o mistério
de sua própria natureza,
selvagem e profunda.

Renove-se,
Retire as pesadas vestimentas
que a têm protegido e definido.
Você não precisa mais delas.

Chegou o momento
de ser vulnerável,
o momento de "sentir".

Como uma rosa
colhida no inverno,
livre-se do que os outros
querem ver,
e permaneça nos seus
próprios
ramos desnudos.

Você não precisa falar
para preencher os silêncios,
nem pedir desculpas a todos.
Não diga "sim"
quando na verdade
quer dizer "não".

Não se apresse,
siga o ritmo compassado
da sua respiração.

Há mais sabedoria no seu corpo
que em qualquer livro.

Ao mover-se e deslizar
ao som da música,
os sentimentos que você ignorou
começarão a surgir.

Uma voz de mulher, já conhecida,
a levará até o seu destino.
Isso não vai acontecer de repente,
em um único momento,
mas em instantes de clareza,
nos quais você esteja segura
do que sente e do que quer.

Nesses momentos de lucidez,
uma porta vai se abrir
e você se encontrará
frente a frente com todo seu ser;
com toda sua dor,
seu sofrimento e sua raiva;
com sua perturbação
e suas contradições;
com suas esperanças,
seus sonhos e sua alegria.

Receberá um convite para
aproveitar a aventura de
experimentar sua
própria existência,
momento a momento.

Depois de tanto fazer,
unir, trabalhar, ir, atender,
proteger e organizar,
você escutará uma única palavra:
"chega".

Você descobrirá o seu ritmo,
a harmonia dos seus ciclos;
momentos de dar frutos
e momentos de repouso.
Momentos de estar com os outros
e de estar a sós,
momentos de segurar
e momentos de soltar.

Você cuidará de si do mesmo modo
que cuida dos outros.
Será sua própria amiga, a que escuta e diz:
"eu te entendo".

Observará a sua vida e não verá o que lhe falta,
mas o que a fortalece.
Não verá como desaponta os outros,
mas como desaponta a si mesma.

O seu lugar dentro de si mesma
estará abençoado com a graça feminina,
o calor e a sabedoria intuitiva
que você personifica como mulher.
Desse espaço interno de calma
brotará sua criatividade.

Você será bela e poderosa
ao descobrir seu lugar,
natural e harmonioso,
no universo...

esse refúgio sagrado
e agradável
da mulher sábia
que você é.

Susan Squellati Florence

começou a escrever e a ilustrar poemas
quando ainda era adolescente.
Com mais de 30 anos de experiência
no mercado dos livros-presentes e milhões
de exemplares vendidos, seus livros foram
traduzidos para vários idiomas como o
espanhol, o francês, o alemão e o português.
Mora com o marido na Califórnia,
seu lugar de origem e fonte de inspiração
para muitas de suas mensagens.